Der Mann, der sein Geld in einer Kiste aufbewahrte

Anthony Trollope

Writat

Diese Ausgabe erschien im Jahr 2023

ISBN: 9789359253237

Herausgegeben von
Writat
E-Mail: info@writat.com

DER MANN, DER SEIN GELD IN EINER BOX AUFBEWAHRT HAT.

ZUM ERSTEN MAL SAH ich den Mann, der sein Geld in einer Kiste mitten in der Schlucht der Via Mala aufbewahrte. Ich wechselte ein paar Worte mit ihm oder seiner Frau im Hospiz oben auf dem Splügen ; und ich lernte ihn im Hof von Conradis Hotel in Chiavenna kennen . Doch erst später in Bellaggio am Comer See entwickelte sich aus dieser Bekanntschaft eine innige Vertrautheit. Seitdem sind viele Jahre vergangen, und ich glaube, dass diese kleine Episode in seinem Leben erzählt werden kann, ohne die Gefühle von irgendjemandem zu verletzen .

Sein Name war -; Nehmen wir vorerst an, sein Name sei Greene. Wie er erfuhr, dass ich Robinson hieß, weiß ich nicht, aber ich erinnere mich gut daran, dass er mich in Chiavenna mit meinem Namen ansprach . Um jedoch noch einmal auf die Via Mala zurückzukommen : Ich hatte einige Tage im Golden Eagle in Tusis übernachtet , das übrigens meiner Meinung nach das beste kleine Gasthaus in der ganzen Schweiz ist und ihre Wirtin war sicherlich die hübscheste Wirtin, – und am Tag meiner Abreise nach Süden war ich weitergegangen, in die Via Mala, damit mich der Fleiß in der Schlucht abholen konnte. Diesen Pass betrachte ich als einen der großartigsten Orte, zu denen mich meine Wanderschritte jemals geführt haben, und obwohl ich bereits viele Stunden dort herumlungerte, ging ich nun noch einmal dorthin, um mich von seinen dunklen, hoch aufragenden Felsen und seiner Enge zu verabschieden Ich überquerte den Damm und den tosenden Fluss und vertraute meiner Freundin, der Vermieterin, an, dass sie dafür sorgen würde, dass mein Gepäck ordnungsgemäß auf dem Diligence gepackt wurde. Ich brauche kaum zu sagen, dass meine Freundin ihr Vertrauen nicht missbraucht hat.

Wenn man von der Schweiz nach Italien fährt, steigt die Straße durch die Via Mala etwas steil an, und Reisende mit Fleiß können vom Gasthaus in Tusis in die Schlucht gehen und den größten Teil der Schlucht durchqueren, bevor das Fahrzeug es schafft überholen sie. Dies jedoch hatte Mr. Greene mit seiner Frau und seiner Tochter unterlassen. Als der Diligence an mir vorbeifuhr und die Pferde ein paar Meter über einen ebenen Abschnitt der Straße trotteten, sah ich die Nase eines Mannes dicht an die Glasscheibe des Coupés gedrückt. Ich sah mehr von seiner Nase als von jedem anderen Teil seines Gesichts, konnte aber dennoch erkennen, dass sein Hals verdreht und sein Auge nach oben gerichtet war und dass er sich mühsam anstrengte, von seiner Position aus nach oben zum Gipfel der Felsen zu blicken im Inneren des Wagens.

An der Stelle toste der Wind und das Wasser so heftig, dass es unmöglich war, mit ihm zu sprechen, aber ich winkte mit dem Finger und deutete dann auf die Straße, um ihm zu signalisieren, dass er hätte gehen sollen. Er verstand mich, obwohl ich seine Antwortgeste im Moment nicht verstand. Als ich später einiges über seine Gewohnheiten erfuhr, erklärte er mir, dass er mit dem Hinweis auf seinen offenen Mund andeuten wollte, dass er Angst vor Halsschmerzen hätte, wenn er sich der Luft dieses feuchten und engen Durchgangs aussetzte .

Ich stieg auf den überdachten Sitz des Schaffners im hinteren Teil des Wagens und begegnete in dieser Position dem treibenden Schnee des Splügen . Ich denke, es ist der kälteste aller Pässe. Nahe der Passhöhe stoppt die Post für eine Weile , und wenn ich mich recht erinnere, verlangen die österreichischen Beamten hier die Reisepässe der Reisenden . Zumindest taten sie das damals. Diese Beamten haben sich jetzt hinter die Quadrilatère zurückgezogen , um , wie wir hoffen, bald einen weiteren Rückzug zu machen, und der Bezirk gehört zum Königreich des Vereinigten Italiens. Hier gibt es eine Einkehr- oder Hospizstätte, in die wir uns alle für ein paar Augenblicke begaben, und dann sah ich, dass meine Freundin mit der schwachen Kehle von zwei Damen begleitet wurde.

„Du hättest dir die Via Mala nicht entgehen lassen sollen“, sagte ich zu ihm, als er am riesigen, abgedeckten Ofen stand und seine Zehen wärmte.

„Wir vermissen alles“, sagte die ältere der beiden Damen, die allerdings sehr viel jünger als der Herr und nicht viel älter als ihre Begleiterin war.

„Ich habe es wunderschön gesehen, Mama“, sagte die Jüngere; Daraufhin warf Mama den Kopf zurück und beschloss, wie ich dachte, bald ein wenig Rache an ihrer Stieftochter zu nehmen. Mir fiel auf, dass Miss Greene ihre Stiefmutter immer „Mama“ nannte, wenn sich ein Fremder zum ersten Mal näherte, damit die Art der Verbindung zwischen ihnen verstanden werden konnte. Und ich bemerkte auch, dass die ältere Dame immer den Kopf zurückwarf, wenn man sie so ansprach.

„Wir wollen uns nicht vergnügen, bis wir am Comer See angekommen sind“, sagte Mr. Greene. Als ich ihn ansah, wie er über dem Ofen kauerte, und sah, wie deprimiert er mit großen Mänteln und warmen Umhüllungen um den Hals war, stimmte ich vollkommen mit ihm überein, dass er noch nicht begonnen hatte, sich zu amüsieren. Dann gingen wir alle wieder auf unsere Plätze, und ich sah die Greenes nicht mehr , bis wir zusammengedrängt im großen Hof von Conradis Hotel in Chiavenna standen .

Chiavenna ist die erste italienische Stadt, die der Tourist auf diesem Weg erreicht, und ich kenne keine Stadt im Norden Italiens, die so eng von einer wunderschönen Landschaft umgeben ist. Der Reisende , der von der

Splügenstraße dorthin hinabsteigt, ist von der Schönheit der Täler verblüfft – das heißt, wenn er es so gestaltet, dass er sie sehen kann, ohne seine Nase gegen das Glas eines Kutschenfensters zu drücken. Und von der Stadt selbst aus gibt es zwei-, drei- und vierstündige Spaziergänge, die meiner Meinung nach unübertroffen sind, wenn es um wilde und manchmal verblüffende Schönheiten geht. Man gelangt in kleine Täler, grün wie Smaragde und auf allen Seiten von grauen, zerbrochenen Felsen umgeben, in denen italienische Rasselases in vollkommener Glückseligkeit gelebt haben könnten; und dann wieder stößt man auf Fernblicke auf die Flussläufe, die in der Ferne von den Ausläufern der Alpen begrenzt werden, die vollkommen sind – denen die Fantasie keinen zusätzlichen Reiz verleihen kann. Auch Conradis Hotel ist keineswegs schlecht; oder war es damals nicht. Ich für meinen Teil neige zu der Annahme, dass italienische Hotels einen schlechteren Ruf erhalten haben, als sie verdienen; und ich muss gestehen, dass ich, wenn es nur um den Komfort meines Lebens geht, viel lieber eine Woche im Golden Key in Chiavenna bleiben würde , als bei meinem Gastgeber im King's Head in der blühenden Handelsstadt Muddleboro an der Grenze von Yorkshire und Lancashire.

Ich bin auf Reisen immer sehr an meinem Zimmer interessiert, und nachdem ich mir ein Zimmer mit Blick auf die Berge gesichert hatte, war ich zum Hof zurückgekehrt, um mein Gepäck abzuholen, bevor es Mr. Greene gelungen war, seine Position zu erkennen oder zu verstehen, dass er es tun musste Er übernahm die Aufgabe, seine Familie für die Nacht in dem Hotel unterzubringen, das ihn umgab. Als ich herunterkam, streifte er gerade den äußersten von drei großen Mänteln ab, und vier Kellner um ihn herum flehten ihn an, ihnen zu sagen, welche Unterkunft er benötigen würde. Mr. Greene gab dem Schaffner verschiedene sehr dringende Anweisungen bezüglich seiner Boxen; aber da diese auf Englisch gegeben wurden, war es für mich nicht überraschend, dass sie nicht genau befolgt wurden. Der Mann war jedoch viel zu höflich, um in irgendeiner Sprache zu sagen, dass er nicht jedes Wort verstand, das man ihm sagte. Miss Greene stand abseits und tat nichts. Da sie erst achtzehn Jahre alt war, war es natürlich ihre Aufgabe, nichts zu tun; Und sie war ein sehr hübsches kleines Mädchen, das sich seiner eigenen Schönheit keineswegs bewusst war und über genügend Witz verfügte, um das Beste daraus zu machen.

Mr. Greene ging sehr gemächlich vor und die vier Kellner waren fast zur Verzweiflung gebracht.

„Ich möchte zwei Schlafzimmer, ein Ankleidezimmer und etwas Abendessen", sagte er schließlich sehr langsam und in seiner eigenen Umgangssprache. Ich konnte ihm nicht im Geringsten dabei helfen, es ins Italienische zu übersetzen, da ich selbst kein Wort der Sprache sprach; aber ich schlug vor, dass der Mann Französisch verstehen würde. Der Kellner hatte jedoch Englisch verstanden. Die Kellner verstehen alle Sprachen mit einer wunderbaren Leichtigkeit . und dieser schlug nun vor, dass Mrs. Greene ihm die Treppe hinauf folgen sollte. Mrs. Greene rührte sich jedoch nicht, bis sie gesehen hatte, dass ihre Kartons in Ordnung waren; und da Mrs. Greene auch eine hübsche Frau war, sah ich mich gezwungen, mich um ihre Hilfe zu bemühen.

„Oh, danke", sagte sie. „Die Leute sind so dumm, dass man mit ihnen wirklich nichts anfangen kann. Und was Mr. Greene betrifft, er nützt überhaupt nichts. Sie sehen das Kästchen, das kleinere. Darin habe ich Schmuck im Wert von vierhundert Pfund , und deshalb bin ich verpflichtet, mich darum zu kümmern."

„In der Tat", sagte ich, ziemlich verblüfft über dieses Maß an Selbstvertrauen bei einer eher kurzen Bekanntschaft. „In diesem Fall wundert es mich nicht, dass Sie vorsichtig sind. Aber ist das nicht vielleicht eher voreilig –"

„Ich weiß, was du sagen wirst. Nun ja, vielleicht ist es ein Ausschlag. Aber was sollen Sie tun, wenn Sie vor ein ausländisches Gericht gehen? Wenn Sie solche Dinge haben, müssen Sie sie tragen."

Da ich selbst über nichts dergleichen verfügte und nicht die Absicht hatte, vor ein ausländisches Gericht zu gehen, konnte ich die Angelegenheit nicht mit ihr diskutieren. Aber ich half ihr dabei, einen riesigen Stapel Gepäck zusammenzustellen, darunter sieben große, mit Segeltuch bedeckte Kisten, wie sie Frauen nicht selten auf Reisen mit sich führen. Die Figur, die sie als kleiner als die anderen darstellte und als Schmuckstück in der Hand , dürfte etwa einen Meter lang und anderthalb Fuß tief sein. Da ich in diesen Dingen keine Ahnung hatte, hätte ich es für ausreichend gehalten, die gesamte Garderobe einer Dame zwölf Monate lang zu tragen. Als die Kisten zusammengesammelt waren, setzte sie sich auf das Schmuckkästchen und sah mir ins Gesicht. Sie war eine hübsche Frau, vielleicht dreißig Jahre alt, mit langen hellgelben Haaren, die sie aus ihrer Haube fallen ließ, wohl wissend, dass es für sie nicht unpassend war, wenn es so zerzaust war . Ihre Haut war sehr zart und ihr Teint gut. Tatsächlich wäre ihr Gesicht absolut bezaubernd gewesen, wenn es in ihren Augen nicht an Sanftheit gefehlt hätte. Auch ihre Hände waren weich und klein, und im Großen und Ganzen kann man sagen, dass sie über eine starke Anziehungskraft auf weibliche Reize verfügte. Sie wusste auch gut, wie man sie benutzt.

„Flüstern", sagte sie zu mir, mit einem eigenartigen, aber sehr angemessenen Streben nach dem h – „ W-flüstern ", und sowohl durch das Streben als auch durch die Verwendung des Wortes wusste ich sofort, von welcher Insel sie gekommen war. "Herr. Greene bewahrt auch sein gesamtes Geld in dieser Kiste auf; Deshalb ließ ich es keinen Moment aus den Augen. Aber was auch immer Sie tun, sagen Sie ihm nicht, dass ich es Ihnen gesagt habe."

Ich legte meine Hand auf mein Herz und versicherte feierlich, dass ich ihr Geheimnis nicht preisgeben würde. Über diesen Punkt hätte ich mir jedoch keine großen Gedanken machen müssen, denn als ich die Treppe hinaufging und den kostbaren Koffer im Auge behielt, sprach Mr. Greene mich an.

„Sie sind ein Engländer, Mr. Robinson", sagte er. Ich gab zu, dass ich es war.

„Ich bin ein anderer. Meine Frau ist jedoch Irin. Meine Tochter – aus einer früheren Ehe – ist ebenfalls Engländerin. Da siehst du die Kiste."

„Oh ja", sagte ich, „ich sehe es." Die Schachtel faszinierte mich so sehr, dass ich den Blick nicht mehr von ihr lassen konnte.

„Ich weiß nicht, ob es klug ist oder nicht , aber ich behalte mein gesamtes Geld dort; mein Geld fürs Reisen, meine ich."

niemandem etwas darüber sagen ."

„Oh nein, natürlich nicht", sagte er; „Ich sollte nicht daran denken, es zu erwähnen. Aber diese Räuber in Italien nehmen einem immer alles weg, was man an sich hat, aber sie mischen sich nicht in das schwere Gepäck ein."

„Wechsel oder Rundschreiben", schlug ich vor.

"Ah ja; Und wenn Sie sich nicht identifizieren können oder Kopfschmerzen haben, können Sie sie nicht wechseln lassen. Ich fragte einen alten Freund von mir, der seit fünfzig Jahren mit der Bank of England verbunden ist, und er versicherte mir, dass es nichts Besseres als Staatsanleihen gäbe."

„Aber man bekommt nie den Gegenwert dafür."

"Nicht ganz. Man verliert einen Franken oder anderthalb Franken. Aber dennoch gibt es Gewissheit, und das ist das Tolle. Ein englischer Herrscher wird überall hingehen", und er sprach diese Worte mit großem Triumph.

„Zweifellos, wenn Sie zustimmen, für jeden Sovereign einen Schilling zu verlieren."

„Jedenfalls habe ich dreihundertfünfzig in dieser Kiste", sagte er. „Ich habe sie in Rollen zu je fünfundzwanzig Pfund aufbereitet."

Ich empfahl ihm erneut, seine Vereinbarung so vertraulich wie möglich zu halten – ein Ratschlag, der mir, wie ich gestehen muss, dringend nötig erschien –, und dann ging ich in mein eigenes Zimmer, nachdem ich zuvor eine Einladung von Mrs. angenommen hatte. Greene, sich ihrer Party beim Abendessen anzuschließen. „Tu es", sagte sie; „Wir waren so langweilig und es wird so angenehm sein."

Ich brauchte keinen großen Druck, um mich einer Party anzuschließen, auf der ein so hübsches Mädchen wie Miss Greene und eine so attraktive Frau wie Mrs. Greene anwesend waren. Deshalb nahm ich die Einladung bereitwillig an und machte mich auf den Weg, um meine Toilette zu machen. Dabei ging ich an der Tür von Mr. Greenes Zimmer vorbei und sah die lange Reihe von Kisten, die in die Mitte getragen wurden .

Ich verbrachte einen angenehmen Abend, allerdings mit ein oder zwei kleinen Nachteilen. Was den alten Greene selbst betrifft, so war er alles, was liebenswürdig war; aber dann war er nervös, voller Sorgen und neigte dazu, langweilig zu sein. Er wollte Informationen zu tausend Punkten und schien nicht zu verstehen, dass ein junger Mann das Gespräch seiner Tochter seinem eigenen vorziehen könnte. Nicht, dass er sich darum gekümmert hätte, das Gespräch seiner Tochter zu verhindern. Es wäre mir vollkommen freigestanden, mit einer der Damen zu sprechen, wenn er nicht meine ganze Aufmerksamkeit auf sich ziehen wollte. Außerdem fand er es langweilig, in den letzten sechs Wochen mit seiner Frau und seiner Tochter allein zu sein.

Er war ein kleiner, magerer Mann, wahrscheinlich über fünfzig Jahre alt, der mir zu verstehen gab, dass er sein ganzes Leben in London gelebt und in der Stadt sein eigenes Vermögen gemacht hatte. Was er in der Stadt getan hatte, um sein Vermögen zu machen, sagte er nicht. Hätte ich ihn dort getroffen, hätte ich ihn zweifellos als einen klugen Geschäftsmann empfunden, der durchaus in der Lage war, mir viele nützliche Lektionen beizubringen, von denen ich so wenig Ahnung hatte wie ein Kleinkind. Hätte er mich an der Börse, bei Lloyd's oder im großen Saal der Bank of England erwischt, wäre ich gezwungen gewesen, ihn alles zu fragen. Jetzt, in dieser kleinen Stadt unter den Alpen, fühlte er sich genauso verloren, wie ich es in der Lombard Street hätte sein sollen, und war bereit, bei mir nach Informationen zu suchen. Ich scheute mich keineswegs, ihm meinen Rat zu geben und ihm meine Ansichten über die Dinge in diesem Teil der Welt im Allgemeinen mitzuteilen; ich hätte es nur lieber gehabt, wenn ich mich seiner Tochter gegenüber höflich verhalten dürfte.

Im Laufe des Gesprächs erwähnte er, dass sie beabsichtigten, einige Tage in Bellaggio zu bleiben , das, wie alle Welt weiß, ein zentraler Ort am Comer See und ein beliebter Rastplatz für Reisende ist . Es gibt drei Seen, die alle hier zusammentreffen und denen wir alle den Namen Como geben. Zu Recht werden sie die Seen von Como, Colico und Lecco genannt; und Bellaggio ist die Stelle, an der sich ihre Gewässer vereinen. Ich hatte mich halb entschlossen, eines Nachts auf meiner Reise nach Italien dort zu schlafen, und als ich nun ihren Zweck hörte, erklärte ich, dass dies meine Absicht sei.

„Wie sehr angenehm", sagte Mrs. Greene. „Es wird sehr erfreulich sein, jemanden zu haben , der uns zeigt, wie wir uns einrichten können, denn wirklich –"

„Meine Liebe, ich bin sicher, du kannst nicht sagen, dass du jemals große Probleme hast.“

„Und wer tut das dann, Mr. Greene? Ich bin mir sicher, dass Sophonisba mir nicht viel hilft.“

„Du wirst mich nicht zulassen“, sagte Sophonisba , deren Namen ich vorher noch nicht gehört hatte. Ihr Papa hatte sie im Hof des Gasthauses Sophy genannt. Sophonisba Greene! Sophonisba Robinson klang in meinen Ohren nicht so schlecht, und ich gestehe, dass ich die Namen zusammen ausprobiert hatte. Ihr Papa hatte mir gegenüber erwähnt, dass er kein weiteres Kind hatte und auch, dass er ein Vermögen gemacht hatte.

Und dann gab es einen kleinen Familienwettbewerb darüber, wie viel Reisearbeit jedem aus der Gruppe zufiel, bei dem ich mich an eines der Fenster des großen Vorderzimmers zurückzog, in dem wir saßen. Und wie viel von dieser Arbeit ist mit den Aktivitäten eines Touristen verbunden! Und wie oft entstehen diese kleinen Wettbewerbe auf einer Reise! Wer ist jemals gereist und hat sie nicht gekannt? Ich hatte eine solche Position am Fenster eingenommen, dass ich, wie ich dachte, mich außer Hörweite hätte bringen können; aber dennoch fiel mir von Zeit zu Zeit ein Wort über diese kostbare Schatulle ins Ohr. „Ich habe es nie aus den Augen gelassen, *seit* ich England verlassen habe“, sagte Mrs. Greene, sprach schnell und mit einem beträchtlichen Akzent, der durch ihre Energie hervorgerufen wurde. „Wo wäre es in Basel gewesen, wenn ich mich nicht darum gekümmert hätte?“ „Ganz sicher“, sagte Sophonisba ; „Diese großen Dinger sind immer sicher.“ „Ist das der Fall, Fräulein? Das ist alles, was Sie darüber wissen. Ich nehme an, Ihr Motorhaubenkoffer war ziemlich sicher, als ich ihn auf dem Bahnsteig fand – bei – ich habe den Namen des Ortes vergessen?“

„ Friedrichshafen “, sagte Sophonisba mit fast unnötig viel germanischem Geschick in ihrer Aussprache. „Nun, Mama, das hast du mir schon mindestens zwanzig Mal erzählt.“ Bald darauf brachten die Damen sie in ihre eigenen Zimmer, erschöpft von der Reise von zwei Tagen und einer Nacht, und Mr. Greene schlief tief und fest in dem sehr unbequemen Sessel ein, in dem er saß.

Um vier Uhr am nächsten Morgen machten wir uns auf den Weg.

> „Früh zu Bett gehen und früh aufstehen
> ist der Weg, gesund, reich und weise zu sein.“

Wir alle kennen diese Lektion, und viele von uns glauben daran; Aber wenn die Lektion wahr ist, sollten die Italiener die gesündesten, reichsten und weisesten aller Männer und Frauen sein. Drei oder vier Uhr scheinen ihnen eine ganz natürliche Stunde zu sein, um mit der Arbeit des Tages zu beginnen. Warum wir um vier Uhr in Chiavenna aufgebrochen sein sollten , um anderthalb Stunden am kleinen Kai von Colico auf das Boot warten zu müssen , weiß ich nicht; aber so war unser Schicksal. Dort blieben wir anderthalb Stunden; Mrs. Greene sitzt beharrlich auf der einen wichtigen Kiste. Sie hatte es als kleiner als die anderen bezeichnet, und da nun alle sieben in einer Reihe standen, hatte ich Gelegenheit, sie zu vergleichen. Es war etwas kleiner, vielleicht einen Zoll weniger hoch und anderthalb Zoll kürzer. Sie war eine scharfsinnige Frau und beobachtete meinen prüfenden Blick. „Ich weiß es immer", sagte sie mit lautem Flüstern, „an diesem kleinen Loch in der Leinwand", und sie legte ihren Finger auf einen kleinen Riss an einem der Enden. „Was Greene betrifft, wenn einer dieser italienischen Räuber damit vor seinen Augen auf den Schultern davongehen würde, wäre er nicht klüger. Wie hilflos Sie Männer sind, Mr. Robinson!"

„Es ist gut für uns, dass wir Frauen haben, die sich um uns kümmern."

„Aber du hast niemanden, der sich um dich kümmert – oder hast du sie vielleicht zurückgelassen?"

"In der Tat nicht. Ich bin noch ganz allein auf der Welt. Aber es ist nicht meine eigene Schuld. Ich habe ein halbes Dutzend gefragt."

„Jetzt, Herr Robinson!" Und so verging die Zeit am Kai von Colico , bis das Boot kam und uns abholte. Ich hätte meine Zeit lieber damit verbringen sollen, mich der jüngeren Dame gegenüber sympathisch zu machen; aber die jüngere Dame stand abseits und rümpfte, wie ich dachte, die Nase zu ihrer Mama.

Ich werde nicht versuchen, die Landschaft um Colico zu beschreiben . Die kleine Stadt selbst ist einer der abscheulichsten Orte der Welt, da sie keine Unterkünfte für Reisende bietet und äußerst ungesund ist; Aber weder nördlich noch südlich der Alpen gibt es sehr wenig – und vielleicht möchte ich hinzufügen, auch anderswo –, was die Schönheit der Berge übertreffen könnte, die sich um den Kopf des Sees scharen. Nachdem wir anderthalb Stunden auf diesen Kisten gesessen hatten, wurden wir an Bord des Dampfers gebracht, der ein Stück vom Ufer entfernt gelegen hatte, und dann begannen wir unsere Reise. Natürlich erforderte es eine Menge Anstrengung und Sorgfalt, die Pakete vom Ufer auf das Boot zu bringen, und ich stellte fest, dass jeder, der auch nur ein halbes Auge im Kopf hatte, hätte erkennen können, dass die mentale Angst auf diese eine Kiste gerichtet war Das durch das kleine Loch in der Leinwand gekennzeichnete Feld übertraf bei weitem das, was sich auf alle anderen sechs Kisten erstreckte. „Sie haben es verdient, dass es gestohlen wird", sagte ich mir, „weil sie so dumm sind." Und dann gingen wir zum Frühstück in die Hütte.

„Ich nehme an, es muss sicher sein", sagte Mrs. Greene zu mir und ignorierte die Tatsache, dass der Kabinenkellner Englisch verstand, obwohl sie gerade Kalbsschnitzel in dieser Sprache bestellt hatte.

„So sicher wie eine Kirche", antwortete ich und wollte dem Thema keine allzu große Bedeutung beimessen.

„Sie können es hier nicht wegtragen", sagte Mr. Greene. Aber er machte keinen Scherz und blickte mich aus allen Augen an.

„Sie könnten es über Bord werfen", sagte Sophonisba . Ich kam sofort zu dem Schluss, dass sie kein gutmütiges Mädchen sein konnte. Sobald das Frühstück beendet war, kehrte Mrs. Greene wieder nach oben zurück, und ich fand sie auf einer der Bänke in der Nähe des Trichters sitzend, von wo aus sie den Blick auf die Kiste gerichtet hielt. „Wenn man seine Juwelen mit sich herumtragen muss, muss man vorsichtig sein, Mr. Robinson", sagte sie entschuldigend zu mir. Aber ich hatte die Kiste langsam satt und der Trichter war heiß und unangenehm, deshalb habe ich sie verlassen.

Ich war zu dem Schluss gekommen, dass Sophonisba bösartig war; aber dennoch war sie hübsch, und ich unternahm nun einige kleine Manöver , um mit ihr ins Gespräch zu kommen. Das tat ich bald und war von ihrer Offenheit überrascht. „Wie müde musst du von Mama und ihrer Kiste sein", sagte sie zu mir. Darauf gab ich eine Antwort und erklärte, dass mir die Sicherheit des kostbaren Koffers mehr als alles andere am Herzen läge. „Es macht mich krank", sagte Sophonisba , „zu hören, wie sie so zu einem völlig Fremden spricht." Ich habe gehört, was sie über ihren Schmuck gesagt hat ."

„Es ist natürlich, dass sie besorgt sein sollte", sagte ich, „angesichts der Tatsache, dass es so viel Wertvolles enthält."

„Warum hat sie sie mitgebracht?" sagte Sophonisba . „Sie schaffte es sehr gut, ohne Juwelen zu leben, bis Papa sie heiratete, ungefähr ein Jahr später; und jetzt kann sie keinen Monat lang herumreisen, ohne sie überallhin mitzunehmen. Ich wäre so froh, wenn jemand sie stehlen würde."

„Aber auch das ganze Geld von Mr. Greene ist da."

„Ich möchte nicht, dass Papa gestört wird, aber ich erkläre, dass ich mir wünsche, dass die Kiste für einen Tag oder so verloren geht. Sie ist so ein Idiot; Meinen Sie nicht auch, Mr. Robinson?"

Zu diesem Zeitpunkt waren es erst vierzehn Stunden, seit ich sie zum ersten Mal im Hof von Conradis Hotel kennengelernt hatte, und von diesen vierzehn Stunden hatte ich mehr als die Hälfte im Bett verbracht. Ich muss gestehen, dass ich Sophonisba fast noch indiskreter fand als ihre Schwiegermutter. Dennoch war sie nicht dumm, und ich unterhielt mich mit ihr den größten Teil des Weges den See hinunter nach Bellaggio .

Diese Dampfer, die den Comer See und den Lago Maggiore auf- und abfahren, setzen ihre Passagiere mit kleinen Ruderbooten in den Städten am Ufer ab, und die Personen, die von Bord gehen, haben im Allgemeinen ihre eigenen Utensilien dabei bereit, wenn sie an der Reihe sind, den Dampfer zu verlassen. Als wir uns Bellaggio näherten , schaute ich in meinem Koffer nach und zeigte auf den wunderschönen, mit Bäumen bedeckten Hügel, der an der Gabelung des Wassers steht, und sagte meinem Freund Greene, dass er seinem Ziel nahe sei. „Es freut mich sehr, das zu hören", sagte er selbstzufrieden, beschäftigte sich aber im Moment nicht mit den Kisten. Dann fuhr das kleine Boot neben dem Dampfer her, und die Passagiere nach Como und Mailand drängten sich an der Seite.

„Wir müssen in dieses Boot steigen", sagte ich zu Greene.

"Unsinn!" er rief aus.

„Oh, aber das haben wir."

"Was! „Legen Sie unsere Kisten in dieses Boot", sagte Mrs. Greene. "Oh je! Hier, Bootsmann! Es gibt sieben dieser Kisten, alle so in Weiß", und sie zeigte auf die Kiste mit dem Loch in der Leinwand. "Sich sputen. Und da sind zwei Taschen, mein Kosmetikkoffer und Mr. Greenes Koffer. Mr. Greene, wo ist Ihr Koffer?"

Der Bootsmann, den sie ansprach, verstand zweifellos kein Wort Englisch, wusste aber dennoch, was sie meinte, und da er mit der Arbeit gut vertraut war, packte er das gesamte Gepäck in unglaublich wenigen Augenblicken zusammen.

„Wenn Sie ins Boot steigen", sagte ich, „werde ich dafür sorgen, dass das Gepäck Ihnen folgt, bevor ich das Deck verlasse."

„Ich werde mich nicht rühren", sagte sie, „bis ich sehe, wie die Kiste heruntergehoben wird. Aufpassen; Du wirst es in den See fallen lassen. Ich weiß das du wirst."

„Das wünschte ich", flüsterte Sophonisba mir ins Ohr.

Mr. Greene sagte nichts, aber ich konnte sehen, dass seine Augen genauso ängstlich auf das Geschehen gerichtet waren wie die seiner Frau. Letztlich saßen aber die drei Grünen mit im Boot, ebenso alle Pakete. Dann folgte ich ihnen, mein Koffer war vor mir heruntergekommen, und wir machten uns auf den Weg nach Bellaggio . Bis zu diesem Zeitpunkt hatten die meisten Wärter um uns herum ein oder zwei Wörter Englisch verstanden, aber jetzt wäre es gut, wenn wir jemanden finden könnten , dessen Ohren Französisch nicht fremd sein würden. Was Mr. Greene und seine Frau betrifft, so musste ich feststellen, dass sie jegliche Konversation aufgeben mussten, da sie keine andere Sprache als ihre eigene beherrschten. Sophonisba konnte sich auf

Französisch verständigen und war, wie sie mir versicherte, auf Deutsch ganz
zu Hause. Und dann wurde das Boot am Ufer von Bellaggio gestrandet , und
wir mussten uns alle wieder an die Arbeit machen, mit dem Ziel, in dem
Hotel mit Blick auf das Wasser unterzukommen.

Ich hatte zuvor erfahren, dass die Greenes in dieser Hinsicht keinerlei
Probleme hatten, denn ihre Zimmer waren ihnen schon vor ihrer Abreise
aus England weggenommen worden. Darauf vertrauend, gab sich Mrs.
Greene keine unbedeutende Miene, sobald sie das Ufer berührte, und befahl
den Leuten, herumzulaufen, als wäre sie die Oberherrin von Bellaggio .
Italiener sind dies jedoch von Reisenden einer bestimmten Art gewohnt. Sie
ärgern sich nie über ein solches Verhalten, sondern nehmen es einfach
zusammen mit den anderen Artikeln in den Gesetzentwurf auf. Mrs. Greenes
Worte waren bei dieser Gelegenheit recht harmlos, da sie englisch waren;
Aber wäre ich der Oberkellner gewesen, der mit seinem schönen schwarzen,
glänzenden Haar und der Serviette unter dem Arm an den Strand gekommen
wäre, hätte ich ihr Verhalten als sehr unverschämt empfunden.

So wie die Lage war, dachte ich das tatsächlich und war geneigt, wütend auf
sie zu sein. Sie sollte einige Zeit in Bellaggio bleiben , und deshalb war es
ihrer Meinung nach ihre Pflicht , sofort die Rolle der großen Dame
anzunehmen. Bisher war sie bereit genug gewesen, die Arbeit zu erledigen,
aber jetzt begann sie, sich um Mr. Greene und Sophonisba zu kümmern ;
und, wie es mir schien, mich auch herumkommandieren zu lassen. Das hat
mir nicht ganz gefallen; Also ließ ich sie immer noch zwischen ihrem Gepäck
und ihren Satelliten liegen und ging zum Hotel hinauf, um nach meinem
eigenen Schlafzimmer zu sehen. Ich trank etwas Selterswasser, stand drei
oder vier Minuten am Fenster und ging dann im Zimmer auf und ab. Aber
die Greenes waren immer noch nicht da. Da ich in Bellaggio nur zu dem
Zweck eingestiegen war , etwas mehr von Sophonisba zu sehen , wäre es für
mich nicht angebracht, mit ihnen zu streiten oder ihnen zu gestatten, sich in
ihrem privaten Wohnzimmer so niederzulassen, dass ich ausgeschlossen
würde. Deshalb kehrte ich wieder auf die Straße zurück, auf der sie
heraufkommen mussten, und traf die Prozession in der Nähe des Hauses.

Mrs. Greene ging mit großer Majestät voran, der Kellner mit dem glänzenden
Haar ging an ihrer Seite und zeigte ihr den Weg. Dann kam das gesamte
Gepäck – jeder Träger trug eine mit weißem Segeltuch bedeckte Kiste. Das,
was so wertvoll war, wurde zweifellos neben Mrs. Greene getragen, damit sie
jederzeit einen Blick auf die bekanntermaßen wertvolle Miete werfen konnte.
Ich gestehe, dass ich weder das Loch bemerkt habe, als der Zug an mir
vorbeifuhr, noch die Anzahl der Kisten gezählt habe. Sieben Kisten, alle
gleich, sind sehr viele; und dann folgten ihnen drei andere Männer mit den
minderwertigen Gegenständen: Mr. Greenes Koffer, der Reisetasche usw.
usw. Am Ende der Schlange fand ich Mr. Greene und hinter ihm Sophonisba

. „Jetzt haben alle Strapazen ein Ende", sagte ich zu dem Herrn und hielt es für gut, meiner Tochter gegenüber nicht zu wählerisch zu sein. Er keuchte unter einem schrecklichen Mantel, da er vergessen hatte, dass die Ufer eines italienischen Sees nicht so kalt sind wie die Gipfel der Alpen, und antwortete mir nicht. „Das hoffe ich sicher", sagte Sophonisba . „Und ich werde Papa raten, nicht weiter zu gehen, es sei denn, er kann Mrs. Greene überreden, ihr Juwelen nach Hause zu schicken." „Sophy, meine Liebe", sagte er, „um Himmels willen, lass uns ein wenig Frieden haben, seit wir hier sind." All dem entnahm ich, dass Mr. Green bei seinem zweiten Eheabenteuer kein Glück gehabt hatte. Wir machten uns dann langsam auf den Weg zum Hotel, nachdem wir von den Trägern völlig auf Distanz gehalten worden waren, und als wir das Haus erreichten , stellten wir fest, dass die verschiedenen Pakete bereits durch das Haus getragen wurden, einige hierhin und andere dorthin. Währenddessen redete Mrs. Green laut an der Tür ihres eigenen Wohnzimmers.

"Herr. Greene", sagte sie, sobald sie ihren schwer unterdrückten Gatten sah – denn die Mittagssonne schien – „Mr. Greene, wo bist du?"

„Hier, mein Lieber", und Mr. Greene warf sich keuchend in die Ecke eines Sofas.

„Ein wenig Selterswasser und Brandy", schlug ich vor. Mr. Greenes innerstes Herz hüpfte bei diesem Hinweis, und nichts, was seine protestierende Frau sagen konnte, konnte ihn dazu bewegen, sich zu bewegen, bis er den köstlichen Trank genossen hatte. Inzwischen war die Kiste mit dem Loch in der Leinwand verloren gegangen .

Ja; Als wir kamen, um nachzusehen, die Pakete zu zählen und herauszufinden, wo wir waren, war die Kiste mit dem Loch in der Plane nicht da. Zumindest sagte Mrs. Greene, dass es nicht da sei. Ich habe hart gearbeitet, um es nachzuschlagen, und bin bei meiner Suche sogar in Sophonisbas Schlafzimmer gegangen. Bei Sophonisba Im Schlafzimmer gab es nur eine mit Segeltuch bedeckte Kiste. „Das gehört mir", sagte sie, „und es ist alles, was ich habe, außer dieser Tasche."

„Wo um alles in der Welt kann es sein?" sagte ich und setzte mich auf den betreffenden Koffer. Im Moment dachte ich fast, dass sie maßgeblich dazu beigetragen hatte, es zu verbergen.

„Woher soll ich das wissen?" Sie antwortete; und ich bildete mir ein, dass sogar sie bestürzt war. „Was für ein Idiot diese Frau ist!"

„Die Kiste muss im Haus sein", sagte ich.

„Finden Sie es doch, um Papa willen; Da ist ein guter Kerl. Ohne sein Geld wird er so elend sein. Ich hörte ihn sagen, dass er nur zwei Pfund in seiner Handtasche hatte."

„Oh, ich kann ihm Geld geben, damit er weitermachen kann", antwortete ich großartig. Und dann ging ich los, um zu beweisen, dass ich ein guter Kerl war, und durchsuchte das ganze Haus. Zwei weiße Kisten waren auf Anordnung unten gelassen worden, da sie nicht benötigt wurden; und diese beiden befanden sich in einem großen Schrank der Halle, der ausschließlich zum Verstauen von Gepäck diente. Und dann befanden sich drei in Mrs. Greenes Schlafzimmer, die dorthin gebracht worden waren, weil sie den Kleiderschrank enthielten, den sie während ihres Aufenthalts in Bellaggio benötigen würde . Ich habe jedes davon selbst durchsucht, um zu sehen, ob ich das Loch in der Leinwand finden könnte. Aber das Loch in der Leinwand war nicht da. Und lassen Sie mich zählen, wie ich wollte, ich konnte nur sechs erkennen. Nun waren sicherlich sieben an Bord des Dampfers gewesen, obwohl ich nicht schwören konnte, dass ich gesehen hatte, wie die sieben in das kleine Boot verfrachtet worden waren.

"Herr. Greene", sagte die Dame, die inmitten ihrer restlichen Schätze stand, die jetzt alle offen waren, „auf Reisen bist du nichts wert. Warst du nicht im Rückstand?" Aber Mr. Greenes Gedanken waren erfüllt, und er antwortete nicht.

„Es wurde vor Ihren Augen gestohlen", fuhr sie fort.

„Unsinn, Mama", sagte Sophonisba . „Wenn es jemals aus dem Dampfer kam, kam es mit Sicherheit ins Haus."

„Ich habe es vom Dampfer aus gesehen", sagte Mrs. Greene, „und es ist sicherlich nicht im Haus. Mr. Robinson, darf ich Sie bitten, die Polizei zu rufen ? – bitte sofort, Sir."

Bellaggio gewesen , hatte aber dennoch keine Ahnung von deren Polizeisystem. Und dann wiederum wusste ich nicht, wie das Wort auf Italienisch hieß.

„Ich werde mit dem Vermieter sprechen", sagte ich.

„Wenn Sie die Güte haben, sofort die Polizei zu rufen, bin ich Ihnen dankbar." Und als sie ihren Befehl wiederholte, stampfte sie mit dem Fuß auf den Boden.

Bellaggio gibt es keine Polizei ", sagte Sophonisba .

„Was um alles in der Welt soll ich tun, damit ich weiter Geld habe?" sagte Mr. Greene, blickte mitleiderregend zur Decke und schüttelte beide Hände.

Und nun war das ganze Haus in Aufruhr, nicht nur der Wirt, seine Frau und Töchter und alle Bediensteten, sondern auch jeder andere Gast im Hotel. Mrs. Greene war keine Dame, die weder ihren Ruhm noch ihren Kummer unter den Scheffel stellte, und obwohl sie nur Englisch sprach, machte sie ihre Proteste bald ausreichend hörbar. Sie protestierte lautstark, dass sie ausgeraubt worden sei, und zwar seit sie den Dampfer verlassen hatte. Die Kiste war an Land gekommen; Da war sie sich ganz sicher. Wenn der Vermieter Rücksicht auf seinen eigenen Charakter oder den seines Hauses nahm, würde er innerhalb einer Stunde feststellen, wo es sich befand und wer der Dieb gewesen war. Sie würde ihm eine Stunde geben. Und dann setzte sie sich; aber nach zwei Minuten war sie wieder auf den Beinen und schrie ihr Unrecht so laut wie eh und je aus. All dies wurde durch mich und Sophonisba auf Französisch an den Kellner und vom Kellner an den Wirt weitergegeben; aber die Gesten der Dame bedurften keiner Übersetzung, um sie verständlich zu machen, und ich glaube, dass ihr Geisteszustand in dieser Angelegenheit vollkommen klar war.

Mr. Greene, ich hatte wirklich Mitleid. Seine Gefühle der Bestürzung schienen genauso tief zu sein, aber sein Kummer und seine Besorgnis wurden durch mehr Anstand verdrängt. „Was soll ich für Geld tun?" er sagte. „Ich habe keinen Schilling zum Weitermachen!" Und er blickte immer noch zur Decke.

„Sie müssen nach England schicken", sagte Sophonisba .

„Es wird einen Monat dauern", antwortete er.

"Herr. „Robinson wird Ihnen das geben, was Sie jetzt wollen", fügte Sophonisba hinzu . Nun, ich hatte es sicherlich gesagt und es damals auch so gemeint. Aber mein gesamter Reisevorrat überstieg nicht vierzig oder fünfzig Pfund, mit dem ich nach Venedig und dann über Tirol nach England zurückfuhr. Einen Monat auf Mr. Greenes Geld aus England zu warten, könnte für mich noch unbequemer sein als für ihn. Dann kam mir der Gedanke, dass die Bedürfnisse der Familie Greene zahlreich und teuer sein würden und dass mein kleiner Vorrat unter so vielen nur einen kleinen Unterschied machen würde. Und was wäre, wenn in dieser verfluchten Schatulle weder Geld noch Juwelen gewesen wären? Ich gestehe, dass mir in diesem Moment eine solche Idee in den Sinn gekommen ist. Man hört von Scharfschützen auf allen Seiten, die durch die seltsamsten Intrigen und Erfindungen Plünderungen begehen. Wäre es nicht möglich, dass die gesamte Gruppe der Grünen zu dieser Gesellschaftsordnung gehörte? Es war eine Grundidee, das besitze ich; aber ich gestehe, dass es mir einen Moment lang Spaß gemacht hat.

Ich zog mich für eine Weile in mein eigenes Zimmer zurück, um über alle Umstände nachzudenken. Es waren sicherlich sieben Kisten gewesen, und in einer davon hatte die Plane ein Loch. Alle sieben waren sicherlich an Bord des Dampfers gewesen. Ich hatte so sehr das Gefühl, ich könnte getrost schwören. Ich hatte die sieben in dem kleinen Boot nicht gezählt, aber als ich das größere Schiff verließ, hatte ich mich auf dem Deck umgesehen und festgestellt, dass keines der Greene-Insignien vergessen war. Falls es auf dem Dampfer zurückgelassen wurde, war es die Absicht eines dort Beschäftigten. Es war durchaus möglich, dass der Inhalt der Kiste durch die Unvorsichtigkeit von Mrs. Greene ermittelt worden war und dass sie weggebracht worden war, damit sie auf Como geschossen werden konnte. Zu Mrs. Greenes Behauptung, alle Kisten seien in das kleine Boot verladen worden, dachte ich mir nichts. Die Leute in Bellaggio wussten nicht, welche Kiste sie stehlen sollten, und hatten auch keine Zeit, den Plan auszuhecken, die Kisten zum Hotel hinaufzutragen. Schließlich kam ich zu dem Schluss, dass der fehlende Koffer entweder entwendet und nach Como gebracht worden war – in diesem Fall müsste man keine Zeit verlieren, um ihn zu suchen; oder dass es von den Grünen selbst auf ungewöhnlich geschickte Weise außer Sichtweite gebracht worden war, als Vorwand, sich so viel Geld zu leihen, wie sie aufbringen konnten, und ohne Bezahlung ihrer Rechnungen zu leben. Mit Bezug auf die letztere Hypothese erklärte ich mir, dass Greene nicht wie ein Betrüger aussehe; aber was Mrs. Greene betrifft – ! Ich gestehe, dass ich ihr gegenüber nicht so sicher war.

Bellaggio am nächsten Morgen nicht verlassen konnte . Als ich ankam, hatte ich meinen Koffer geöffnet und ihn, wie es meine Gewohnheit ist, offen auf dem Boden liegen lassen. Manche Leute werden ständig ausgeraubt und schließen immer alles ein; während andere sicher durch die Welt wandern und niemals etwas einsperren. Ich selbst drehe nie irgendwo einen Schlüssel um, und niemand entwendet mir jemals auch nur ein Taschentuch. Cantabit vacuus – und ich bin immer ausreichend vacuus . Vielleicht liegt es daran, dass ich kein Taschentuch habe, das es wert wäre, gestohlen zu werden. Es sind Ihre schwerbeladenen, misstrauischen, ungeschickten Greenes , die von den Dieben angegriffen werden. Ich erfuhr nun, dass der zuvorkommende Boots, der mich bereits kannte, meine Reiseausrüstung in eine dunkle Nische gebracht hatte, die als Ankleidezimmer dienen sollte, und dort meinen Koffer offen auf einem Tisch oder Hocker in der Ecke ausgebreitet hatte . Es war eine praktische Einrichtung, und ich habe sie während meines gesamten Aufenthalts dort gelassen.

Mrs. Greene hatte dem Vermieter eine Stunde Zeit gegeben, um die Kiste zu finden, und während dieser Zeit gaben sich der Vermieter, die Vermieterin, ihre drei Töchter und alle Bediensteten im Haus zweifellos ihr Äußerstes. Ein halbes Dutzend Mal kamen sie vor meine Tür, aber ich genoss es in einer Waschzuber, um den Start um vier Uhr in Chiavenna auszugleichen . Ich versicherte ihnen jedoch, dass die Kiste nicht da sei, und so verlief die

Durchsuchung. Am Ende der Stunde ging ich wie versprochen zu den Greenes zurück, nachdem ich beschlossen hatte, dass jemand nach Como geschickt werden müsse, um sich um den fehlenden Artikel zu kümmern.

Es bestand keine Notwendigkeit, an die Tür ihres Wohnzimmers zu klopfen, denn sie stand weit offen. Ich ging hinein und fand Mrs. Greene immer noch damit beschäftigt, den Vermieter anzugreifen, während alle Träger, die das Gepäck zum Haus hinaufgetragen hatten, herumstanden. Ihre Stimme war lauter als die der anderen, aber zum Glück aller sprach sie Englisch. Ich sah, dass der Vermieter langsam schmollend wurde. Er sprach Italienisch und keiner von uns verstand ihn, aber ich vermutete, dass er sich weigerte, weitere Schritte zu unternehmen. Er war sich sicher, dass die Kiste nie aus dem Dampfer gekommen war. Die Boots standen bereit, ins Französische zu dolmetschen, und als zweiter Dolmetscher übersetzte ich alles ins Englische.

Mr. Greene, der auf dem Sofa saß, stöhnte hörbar, sagte aber nichts. Sophonisba , die neben ihm saß, schlug mit beiden Füßen auf den Boden.

„Hören Sie, Mr. Greene?" sagte sie und drehte sich zu ihm um. „Wollen Sie zulassen, dass so viel Eigentum ohne Anstrengung verloren geht? Sind Sie bereit, meine Juwelen zu ersetzen?"

„Ihre Juwelen!" sagte Sophonisba und sah mir ins Gesicht. „Papa musste die Rechnung für jeden Stich bezahlen, den sie hatte, als er sie heiratete." Diese letzten Worte waren so gesprochen, dass nur ich sie hören konnte, aber ihr erster Ausruf war laut genug. Handelte es sich dabei um Menschen, für die es sich lohnen würde, die Reise hinauszuzögern und mir in finanzieller Hinsicht ernsthafte Unannehmlichkeiten zu bereiten?

Ein paar Minuten später befand ich mich mit Greene auf der Terrasse vor dem Haus. „Was soll ich tun?" sagte er.

„Geh nach Como", sagte ich, „und kümmere dich um deine Kiste. Ich bleibe hier und gehe an Bord des Rückdampfers. Vielleicht ist es da."

„Aber ich kann kein Wort Italienisch", sagte er.

„Nimm die Stiefel", sagte ich.

„Aber ich kann kein Wort Französisch." Und dann endete es mit meinem Vorhaben, nach Como zu gehen. Ich schwöre, dass mir der Gedanke gekommen ist, dass ich genauso gut meinen Koffer mitnehmen und losrennen könnte, wenn ich dort ankomme. Die Greenes bedeuteten mir nichts.

Dies habe ich jedoch nicht getan. Ich habe dem armen Mann ein Versprechen gegeben und es gehalten. Ich nahm lediglich einen Ankleidebeutel mit, denn ich wusste, dass ich in Como schlafen musste; und da ich beschloss, alle meine Pläne durcheinander zu bringen, machte ich mich auf den Weg. Ich befand mich inmitten einer wunderschönen Landschaft, aber ich fand es völlig unmöglich, Freude daran zu haben – daran oder an irgendetwas um mich herum. Mein ganzer Geist war dem Bann gegen diese abscheuliche Kiste ausgeliefert, über die ich zweifellos heftigen Grund zur Klage hatte. Was bedeutete mir die Box? Ich fuhr mit dem Nachmittagsdampfer nach Como und verbrachte einen langen, trostlosen Abend unten auf den Dampfschiffkais und suchte überall, aber vergebens. Das Boot, mit dem wir Colico verlassen hatten, war nach Colico zurückgekehrt , aber die Leute schworen, dass nichts an Bord zurückgeblieben sei. Es war durchaus möglich, dass eine solche Kiste mit dem Gepäck anderer Passagiere nach Mailand weitergeflogen sein könnte.

Ich schlief in Como und fuhr am nächsten Morgen weiter nach Mailand. Von der Kiste war in dieser Stadt keine Spur mehr zu finden. Ich ging zu jedem Hotel und Reisebüro, konnte aber nichts davon hören. Gruppen waren nach Venedig, Florenz und Bologna gereist, und jeder von ihnen hätte die Loge mitnehmen können. Niemand erinnerte sich jedoch daran; und ich kehrte zurück nach Como und von dort nach Bellaggio , wo ich den letzteren Ort um neun Uhr abends erreichte, enttäuscht, müde und verärgert.

„Hat Monsieur den verfluchten Koffer gefunden?“ sagten die Bellaggio Boots, als sie mich am Kai trafen.

„Im Namen des-, nein. Ist es hier nicht aufgetaucht?“

„Monsieur“, sagte der Stiefel, „wir werden alle bald verrückt sein.“ Der arme Herr, er ist schon verrückt.“ Und dann ging ich zum Haus hinauf.

„Meine Juwelen!“ rief Mrs. Greene und stürmte mit ausgestreckten Armen auf mich zu, sobald sie meine Schritte im Flur hörte. Ich bin mir sicher, dass sie mich umarmt hätte, wenn ich die Schachtel gefunden hätte. Ich hatte jedoch keine solche Belohnung verdient. „Von der Loge in Como und Mailand höre ich nichts“, sagte ich.

„Was soll ich dann für mein Geld tun?“ sagte Herr Greene.

Ich hatte weder zu Mittag noch zu Abend gegessen, aber das war dem älteren Greenes egal. Mr. Greene saß schweigend und verzweifelt da, und Mrs. Greene stürmte wütend durch den Raum. „Ich fürchte, du bist sehr müde“, sagte Sophonisba .

„Ich bin müde und hungrig und durstig“, sagte ich. Ich wurde langsam wütend und kam mir vor, schlecht behandelt zu werden . Und die Vorstellung von einer Betrügerfamilie wurde wieder stärker. Greene hatte sich von mir zehn Napoleons geliehen, bevor ich nach Como aufbrach, und ich hatte auf meiner erfolglosen Reise dorthin und nach Mailand mehr als vier ausgegeben. Ich begann zu befürchten, dass mein ganzer Plan in Bezug auf Venedig und Tirol zerstört werden würde; und ich hatte versprochen, in Innspruck Freunde zu treffen , die den Greenes weitaus vorzuziehen waren . Wie sich herausstellte, traf ich sie tatsächlich. Wäre mir das nicht gelungen, hätte mir die jetzige Mrs. Robinson nicht gegenübergesessen.

Ich ging in mein Zimmer und zog mich an, und dann setzte sich Sophonisba für mich an den Teetisch. „Was sollen wir tun?“ fragte sie mich in einem vertraulichen Flüstern.

„Warten Sie auf Geld aus England.“

„Aber sie werden denken, dass wir alle scharfsinniger sind“, sagte sie; „Und auf mein Wort, ich wundere mich nicht darüber, wie diese Frau vorgeht.“ Dann beugte sie sich vor, stützte ihren Ellbogen auf den Tisch und ihr Gesicht auf ihre Hand, und erzählte mir eine lange Geschichte all ihrer familiären Unannehmlichkeiten. Ihr Papa war ein sehr guter Mann, nur hatte er sich von dieser intriganten Frau zum Narren halten lassen, die keinen Sixpence hatte, mit dem sie sich selbst segnen konnte. Und jetzt hatten sie nichts als Streit und Elend. Papa hatte nicht immer das Schlimmste davon ; – Papa konnte sich manchmal aufraffen; erst jetzt wurde er durch den Verlust seines Geldes niedergeschlagen und eingeschüchtert. Dieses flüsternde Selbstvertrauen war auf seine Art sehr schön, wenn man bedenkt, dass Sophonisba ein hübsches Mädchen war; aber die ganze Angelegenheit schien voller Misstrauen zu sein.

„Wenn sie dich auf die eine oder andere Weise nicht aufnehmen wollten, dann auf eine andere“, sagte die jetzige Mrs. Robinson, als ich ihr in Innspruck die Geschichte erzählte . Ich bitte um Verständnis dafür, dass ich zum Zeitpunkt meines Treffens mit den Greenes nicht mit der jetzigen Mrs. Robinson verlobt war und bereit war, jede eheliche Verlobung einzugehen, die mir gefallen hätte.

Am nächsten Morgen hielten wir nach dem Frühstück einen Kriegsrat ab. Man hatte mir mitgeteilt, dass Mr. Greene ein Vermögen gemacht hatte und dass ich zu Recht annehmen durfte, dass er ein reicher Mann sei. Es schien mir daher, dass sein Weg einfach war. Lassen Sie ihn in Bellaggio auf mehr Geld warten , und wenn er nach Hause zurückkehrt, soll er Mrs. Greene mehr Juwelen kaufen. Ein armer Mann geht immer davon aus, dass einem reichen Mann sein Geld gleichgültig ist. Aber in Wahrheit ist es einem reichen Mann nie gleichgültig, was sein Geld angeht, und der arme Greene sah meinen Vorschlag völlig ausdruckslos an.

„Wollen Sie damit sagen, dass es für immer verschwunden ist ?“ er hat gefragt.

„Ich werde das Land nicht verlassen, ohne mehr darüber zu wissen“, sagte Frau Greene.

„Es ist sicherlich sehr seltsam“, sagte Sophonisba . Sogar Sophonisba schien zu denken, dass ich zu spontan war.

„Es wird einen Monat dauern, bis ich Geld bekomme, und meine Rechnung hier wird gewaltig sein“, sagte Greene.

„Ich würde ihnen keinen Cent bezahlen, bis ich meine Kiste habe“, sagte Mrs. Greene.

„Das ist Unsinn“, sagte Sophonisba . Und so war es. „Halten Sie den Mund, Fräulein!“ sagte die Stiefmutter.

„In der Tat, ich werde nicht den Mund halten“, sagte die Stieftochter. Armer Greene! Er hatte in den letzten zwölf Monaten mehr als seine Kiste verloren; denn, wie ich in dem geflüsterten Gespräch mit Sophonisba am Teetisch erfahren hatte ; Dies war in Wirklichkeit die Hochzeitsreise ihres Papas.

Nun war wieder ein Tag vergangen und wir gingen alle zu Bett. Wäre ich nicht sehr dumm gewesen, hätte ich mich um fünf Uhr morgens rufen lassen und wäre mit dem Frühboot weggefahren und hätte meine zehn Napoleons zurückgelassen. Aber leider hatte Sophonisba von mir das Versprechen verlangt, dass ich das nicht tun würde, und so war für mich jede Chance, ein oder zwei Tage in Venedig zu verbringen, verloren. Außerdem war ich völlig erschöpft und fast froh über jede Ausrede, die es mir erlaubte, am nächsten Morgen im Bett zu liegen. Ich lag bis neun Uhr im Bett und traf dann die Greenes beim Frühstück.

Serbelloni- Gärten ansehen “, sagte ich, sobald das stille Mahl vorüber war; „Oder nehmen Sie ein Boot zur Sommariva Villa.“

„Es würde mir so gut gefallen“, sagte Sophonisba .

„Wir werden nichts dergleichen tun, bis ich mein Eigentum gefunden habe“, sagte Mrs. Greene. "Herr. Robinson, welche Vereinbarung haben Sie gestern mit der Polizei in Como getroffen?“

„Die Polizei in Como?“ Ich sagte . „Ich bin nicht zur Polizei gegangen.“

„Nicht zur Polizei gehen? Und wollen Sie damit sagen, dass man mir meine Juwelen rauben soll und dass keine Anstrengungen zur Wiedergutmachung unternommen werden? Gibt es in diesem elenden Land keinen Polizisten? Herr Greene, ich bestehe darauf, dass Sie sich sofort zum nächstgelegenen britischen Konsul begeben.

„Ich schätze, ich sollte besser nach Hause schreiben, um Geld zu bekommen“, sagte er.

„Und willst du damit sagen, dass du noch nicht geschrieben hast?" sagte ich, wahrscheinlich mit etwas Schärfe in meiner Stimme.

„Du brauchst Papa nicht zu schimpfen", sagte Sophonisba .

„Ich weiß nicht, was ich tun soll", sagte Mr. Greene und begann im Zimmer auf und ab zu gehen; aber er verlangte immer noch nicht nach Feder und Tinte, und ich hatte wieder das Gefühl, dass er ein Betrüger war. War es möglich, dass ein Geschäftsmann, der in London ein Vermögen gemacht hatte, seiner Frau erlaubte, alle ihre Juwelen in einer Schatulle aufzubewahren und sein eigenes Geld darin mit sich herumzutragen?

„Ich verstehe nicht, warum du so unglücklich sein musst, Papa", sagte Sophonisba . "Herr. Ich bin mir sicher, dass Robinson Ihnen jetzt das Geld geben wird, das Sie sich wünschen." Das war angenehm!

„Und wird Mr. Robinson mir meine Juwelen zurückgeben, die, ich muss sagen, zu einem großen Teil durch seine Nachlässigkeit verloren gegangen sind", sagte Mrs. Greene. Das war angenehmer!

„Auf mein Wort, Mrs. Greene, das muss ich leugnen", sagte ich und sprang auf. „Was um alles in der Welt hätte ich mehr tun können, als ich getan habe? Ich war in Mailand und hätte mich fast zu Tode erstickt."

„Warum hast du keinen Polizisten mitgebracht?"

„Du würdest jedem an Bord des Bootes sagen, was drin ist", sagte ich.

„Ich habe es niemandem außer dir erzählt", antwortete sie.

„Ich nehme an, Sie wollen damit andeuten, dass ich die Kiste genommen habe", entgegnete ich. So dass es an diesem dritten oder vierten Tag unserer Bekanntschaft nicht gerade angenehm zuging.

Aber was mich vielleicht am meisten ärgerte, war die Zuversicht, mit der Mr. Greene offenbar die Absicht hatte, sich auf meine Ressourcen zu stützen. Er hatte sicherlich noch nicht nach Hause geschrieben und meine zehn Napoleons mitgenommen, so wie ein Freund einem anderen ein paar Schilling abnimmt, wenn er feststellt, dass er sein eigenes Silber auf seiner Frisierkommode vergessen hat. Was hätte er von zehn Napoleons wollen können? Er hatte die Notwendigkeit behauptet, die Träger zu bezahlen, aber die wenigen Francs, die er in der Tasche hatte, hätten dafür ausgereicht. Und nun versicherte Sophonisba immer wieder, dass er sich um Geld nicht zu ärgern brauche, weil ich zu seiner Rechten sei. Ich ging nach oben in mein eigenes Zimmer, und als ich alle meine Schätze zählte, stellte ich fest, dass mein Vermögen 36 Pfund und etwas Silber betrug. Damit musste ich jedenfalls bis nach Innspruck und von dort zurück nach London. Es war völlig unmöglich, dass ich mich für den Gesetzentwurf der Grünen in Bellaggio verantwortlich machen sollte .

Sophonisba , wie ich es am Morgen versprochen hatte, mit mir in die Serbelloni- Gärten hinauf und spazierte um die Terrassen dieses wunderschönen Hügels herum, von dem aus man einen herrlichen Blick auf die drei Seen hat. Als wir anfingen, gestehe ich, dass ich lieber alleine gegangen wäre, denn ich hatte die Greenes in meinem tiefsten Innern satt. Wir hatten einen schrecklichen Tag gehabt. Der Vermieter war so oft gerufen worden, dass er sich weigerte, sich noch einmal zu zeigen. Die Wirtin – obwohl Italiener dieser Klasse immer höflich sind – war so übermütig gewesen, dass sie Mrs. Greene mit den Fingern ins Gesicht schnippte. Die drei Mädchen wollten sich nicht zeigen. Die Kellner gingen so weit wie möglich aus dem Weg; und die Stiefel beschimpften sie mir im Vertrauen hinter ihrem Rücken. „Monsieur", sagte Boots, „glauben Sie, dass es jemals eine solche Kiste gab?"

„Vielleicht nicht", sagte ich; und doch wusste ich, dass ich es gesehen hatte.

Sophonisba gegangen ; aber das war jetzt unmöglich. Also beschloss ich, die Gelegenheit zu nutzen , indem ich ihr von meinem jetzigen Vorhaben erzählte. Ich hatte beschlossen, am nächsten Tag anzufangen, und nun galt es, meinen Freunden klarzumachen, dass es nicht in meiner Macht stand, ihnen weitere finanzielle Unterstützung zukommen zu lassen.

Sophonisba die Kiste vergessen zu haben und bereit zu sein, dass auch ich sie vergesse. Aber das war unmöglich. Als sie mir daher erzählte, wie süß es sei, dieser schrecklichen Frau zu entkommen, und sich mit der ganzen Freiheit einer alten Bekanntschaft auf meinen Arm stützte, musste ich das Vergnügen des Augenblicks abbrechen.

„Ich hoffe, dein Vater hat diesen Brief geschrieben", sagte ich.

„Er will es von Mailand aus schreiben. Wir wissen, dass Sie weiterkommen wollen, deshalb haben wir vor, übermorgen von hier abzureisen."

"Oh!" sagte ich, als ich sofort an die Rechnung dachte und mich daran erinnerte, dass Mrs. Greene darauf bestanden hatte, Champagner zum Abendessen zu trinken.

„Und wenn noch etwas gegen die fiese Kiste unternommen werden muss, dann vielleicht dort", fuhr Sophonisba fort .

„Aber ich muss morgen um 5 Uhr gehen", sagte ich.

„Unsinn", sagte Sophonisba . „Gehen Sie morgen, wenn ich – ich meine wir – am nächsten Tag weiterfahren!"

„Und ich könnte genauso gut erklären", sagte ich und ließ sanft die Hand los, die auf meinem Arm lag, „dass ich finde – ich finde, dass es für mich unmöglich sein wird – zu – zu –"

„Wohin?"

„Um Mr. Greene jetzt noch mehr Geld vorzuschießen." Dann ließ Sophonisbas plötzlich den Arm sinken und sie rief: „Oh, Mr. Robinson!"

Schließlich besaß Miss Greene einen gewissen gesunden Menschenverstand, der sie vor meinen bösen Gedanken geschützt hätte, wenn ich die ganze Wahrheit gewusst hätte. Ich fand später heraus, dass sie eine bedeutende Erbin war, und trotz der Meinung, die die jetzige Mrs. Robinson damals als Miss Walker geäußert hatte, glaube ich nicht einen Moment, dass sie mich angenommen hätte, wenn ich ihr ein Angebot gemacht hätte.

„Sie haben völlig Recht, wenn Sie sich nicht blamieren", sagte sie, als ich ihr meine unmittelbare Situation erklärte; „Aber warum hast du Papa ein Angebot gemacht, das du nicht erfüllen kannst? Er muss jetzt hier bleiben, bis er etwas aus England hört. Hätten Sie zuerst alles erklärt, hätten uns die zehn Napoleons nach Mailand getragen." Das war alles wahr, und doch dachte ich, es sei schwer für mich.

Es war mir jetzt klar, dass Sophonisba bereit war, sich der Meinung ihrer Stiefmutter anzuschließen, dass ich sie misshandelt hatte, und ich hatte keine großen Zweifel daran, dass Mr. Greene derselben Meinung sein würde. Während des Spaziergangs wurde kaum mehr zwischen uns gesprochen, und als wir um sieben oder halb acht Uhr im Hotel ankamen, bemerkte ich lediglich, dass ich hineingehen und ihrem Vater und ihrer Mutter Lebewohl wünschen würde. „Ich nehme an, du wirst mit uns Tee trinken", sagte Sophonisba , und ich stimmte dem zu.

Ich ging in mein eigenes Zimmer und verstaute alle meine Sachen in meinem Koffer, denn nach dem Brauch, der in Italien üblich ist, wenn ein früher Aufbruch geplant ist, verlangte der Stiefel unbedingt, dass das Gepäck über Nacht bereit sein sollte . Dann ging ich in das Wohnzimmer des Greene und stellte fest, dass die ganze Gesellschaft nun über meine Absichten Bescheid wusste.

„ Sie werden uns also im Stich lassen", sagte Mrs. Greene.

„Ich muss meine Reise fortsetzen", flehte ich mit schwacher, entschuldigender Stimme.

„Setzen Sie Ihre Reise fort, Sir!" sagte Frau Greene. „Ich möchte nicht, dass Sie sich um unseretwillen auch nur einen Moment in Unannehmlichkeiten begeben." Und doch hatte ich bereits vierzehn Napoleons verloren und jede Aussicht aufgegeben, nach Venedig zu gehen!

"Herr. „Robinson hat sicherlich Recht, seine Verlobung mit Miss Walker nicht zu lösen", sagte Sophonisba . Nun hatte ich kein Wort über eine Verlobung mit Miss Walker verloren und nur beiläufig erwähnt, dass sie in Innspruck mit von der Partie sein würde . „Aber", fuhr sie fort, „ich denke, er hätte uns nicht in die Irre führen sollen." Und so genossen wir unser Abendessen.

Ich war gerade dabei, ihnen allen die Hand zu schütteln, bevor ich sie endgültig verließ, als die Boots den Raum betraten.

„Ich lasse den Koffer bis morgen früh liegen", sagte er.

„In Ordnung", sagte ich.

„Weil", sagte er, „in der Halle so viele Dinge sein werden." Den großen Koffer werde ich jetzt mitnehmen."

„Großer Koffer – welcher große Koffer?"

„Der Koffer mit deinem Teppich darüber, auf dem dein Koffer stand."

Ich schaute mich zu Mr., Mrs. und Miss Greene um und sah, dass sie mich alle ansahen. Ich schaute mich zu ihnen um, und als ihre Blicke meinen trafen , fühlte ich, dass ich feuerrot wurde. Ich sprang sofort auf und eilte in mein eigenes Zimmer, wobei ich im Gehen hörte, dass alle ihre Schritte mir folgten. Ich eilte in die innere Nische, zog den Koffer herunter, der immer noch an seinem alten Platz blieb, riss meinen eigenen Teppich ab, der die Stütze darunter bedeckte, und sah dort – eine weiße, mit Segeltuch überzogene Kiste mit einem Loch in der Leinwand auf der Seite neben mir!

„Es ist meine Kiste", sagte Mrs. Greene und stieß mich weg, während sie herbeieilte und ihren Finger in den Spalt steckte.

„Es sieht auf jeden Fall so aus", sagte Mr. Greene und blickte seiner Frau über die Schulter.

„An der Box besteht kein Zweifel", sagte Sophonisba .

„Nicht das Geringste im Leben", sagte ich und versuchte, einen gleichgültigen Gesichtsausdruck aufzusetzen.

„Mon Dieu!" sagten die Stiefel.

„ Corpo di Baccho !" rief der Wirt, der sich nun der Partei angeschlossen hatte.

„Oh-h-h-h-!" schrie Mrs. Greene, dann warf sie sich wieder auf mein Bett und kreischte hysterisch.

Daran bestand überhaupt kein Zweifel. Da war die verlorene Kiste, und dort war sie all die mühsamen Stunden vergeblicher Suche gewesen. Während ich in Mailand unter all dieser Müdigkeit litt und meine kostbaren Zwanziger damit verbrachte, von einem Hotel zum anderen zu fahren, war die Kiste sicher in meinem eigenen Zimmer in Bellaggio gestanden , versteckt von meinem eigenen Teppich. Und jetzt, wo es gefunden wurde, sahen mich alle an, als wäre alles meine Schuld.

Mrs. Greenes Augen waren schrecklich, als sie ihre Hysterie beendet hatte, und Sophonisba sah mich an, als wäre ich ein verurteilter Dieb.

„Wer hat die Kiste hierher gestellt?" Sagte ich und drehte mich heftig zu den Stiefeln um.

„Das habe ich getan", sagte Boots, „auf Monsieurs ausdrücklichen Befehl."

„Auf meinen Befehl?" rief ich aus.

„Sicherlich", sagten die Stiefel.

„ Corpo di Baccho !" sagte der Wirt und sah mich auch an, als wäre ich ein Dieb. In der Zwischenzeit hatten sich die Wirtin und die drei Töchter um Mrs. Greene versammelt und spendeten ihr allerlei italienischen Trost. Die Schatulle, das Geld und die Juwelen waren schließlich Realität; und einer Dame, die ihre Juwelen wirklich verloren und sie wirklich wiedergefunden hat, kann man viel Unhöflichkeit verzeihen.

Hin und wieder entstand unter uns ein Aufruhr darüber, auf welche Weise der abscheuliche Koffer seinen Weg in mein Zimmer gefunden hatte. Hätte jemand die Sache nur gelassen betrachtet, wäre wohl klar gewesen, dass ich es dort nicht hätte bestellen können. Als ich das Hotel betrat, wurden die Kisten bereits herumgeschleppt und ich hatte mit niemandem ein Wort darüber gesagt. Dieser verräterische Boots hatte es getan – zweifellos ohne Vorwand der Bosheit; aber er hatte es getan; Und nun, da die Greenes wieder als wohlhabende Leute bekannt waren, wandte er sich an mich und sagte mir ins Gesicht, dass ich gewünscht hätte, dass diese Kiste als Teil meines eigenen Gepäcks auf mein Zimmer gebracht würde!

jemandem gegenüber den Inhalt Ihres Gepäcks erwähnen ."

„Das werde ich nie wieder tun", sagte Mrs. Greene mit gespielter Reue, „aber ich dachte wirklich –"

„Bei Schärfern kann man nie sicher sein", sagte Mr. Greene.

„Das stimmt", sagte Mrs. Greene.

„Immerhin könnte es ein Zufall gewesen sein", sagte Sophonisba , als sie die gutmütige Vermutung hörte, schüttelten sowohl Papa als auch Mama Greene misstrauisch den Kopf.

Ich war damals entschlossen, nichts zu sagen. Es war nahezu unmöglich, dass sie wirklich glaubten, ich hätte ihre Kiste stehlen wollen; und wenn sie das geglaubt hätten, hätte es mir auch nicht zustehen müssen, mich vor dem Grundbesitzer und allen seinen Dienern zu rechtfertigen. Ich stand daher schweigend da, während zwei der Männer den Koffer hoben und sich der Prozession anschlossen, die ihm folgte, als er aus meinem Zimmer in das des rechtmäßigen Besitzers getragen wurde. Zu diesem Zeitpunkt waren alle im Haus da, und Mrs. Greene, die den Triumph genoss, gönnte ihnen den Eintritt in ihr Wohnzimmer keineswegs. Sie hatte das Gefühl gehabt, dass sie verdächtigt wurde, und nun war sie entschlossen, dass die Welt von Bellaggio erfahren sollte, wie sehr sie über jedem Verdacht stand. Die Kiste wurde auf zwei Stühle gestellt, und die Anhänger, die sie getragen hatten, zogen sich jeweils einen Schritt zurück. Dann trat Mrs. Greene stolz mit dem ausgewählten Schlüssel vor, und Mr. Greene stand an ihrer rechten Schulter und war bereit, seinen Teil des verborgenen Schatzes entgegenzunehmen. Sophonisba war jetzt gleichgültig und warf sich auf das Sofa, während ich nachdenklich im Zimmer auf und ab ging und darüber nachdachte, welche Worte ich sagen sollte, wenn ich mich zum letzten Mal von den Greenes verabschiedete. Aber während ich ging, konnte ich sehen, was passierte. Mrs. Greene öffnete die Schachtel und zeigte die weiten Falten eines riesigen gelben Wollmantels zum Vorschein. Ich könnte mir vorstellen, dass sie diesen Gegenstand ihrer Toilette nicht freiwillig zur Schau gestellt hätte, wenn sie nicht gespürt hätte, dass seine Existenz angesichts der darauf folgenden Herrlichkeiten schnell untergehen würde. Dabei handelte es sich lediglich um die Polsterung oben auf der Schachtel. Darunter lag ein langer Karton aus Pappmaché, und darin befanden sich alle ihre Schätze. „Ah, sie sind in Sicherheit", sagte sie, öffnete den Deckel und blickte auf ihre kitschigen Perlen und Karfunkel.

Zwischenzeit war Mr. Greene, der den Durchgang für seine Hand gut kannte, bis zum Boden der Kiste gesprungen und hatte eine kleine Leinentasche ergriffen. „Es ist hier", sagte er und zog es hoch, „und soweit ich das beurteilen kann, ist der Knoten noch nicht gelöst." Daraufhin setzte er sich neben Sophonisba, ließ sich von ihr helfen, sie zu halten, und begann, seine Brötchen zu zählen. „Es geht ihnen gut", sagte er; und er wischte sich den Schweiß von der Stirn.

Ich hatte mich noch nicht entschieden, wie ich meine letzten Worte unter ihnen am besten aussprechen sollte, um die Würde meines Charakters zu wahren, und jetzt stand ich Mr. Greene mit auf der Brust verschränkten Armen gegenüber. Ich hatte ein unzufriedenes Stirnrunzeln auf meinem Gesicht, was ich gelegentlich annehmen kann, aber ich hatte noch nicht entschieden, welche Worte ich verwenden würde. Schließlich wäre es vielleicht besser, wenn ich sie ohne letzte Worte verlassen würde.

„Greene, meine Liebe", sagte die Dame, „zahlen Sie dem Herrn seine zehn Napoleons."

„Oh ja, sicherlich;" Daraufhin öffnete Mr. Greene eine der Rollen und zog acht Sovereigns heraus. „Ich glaube, das wird alles in Ordnung bringen, Sir", sagte er und reichte sie mir.

Ich nahm das Gold, steckte es gleichgültig in die Tasche meiner Weste und verschränkte dann die Arme wieder vor der Brust.

„Papa", sagte Sophonisba mit einem sehr hörbaren Flüstern, „Mr. Robinson ist für dich nach Como gefahren. Tatsächlich glaube ich, dass er sagt, er sei nach Mailand gegangen."

„Lassen Sie das nicht erwähnen", sagte ich.

„Bezahlen Sie ihm auf jeden Fall seine Kosten", sagte Mrs. Greene; „Ich würde ihm um Himmels willen nichts schulden."

„Er sollte bezahlt werden", sagte Sophonisba .

„Oh, sicherlich", sagte Mr. Greene. Und er zog sofort einen weiteren Souverän heraus und überreichte ihn mir vor den Augen der versammelten Menge.

Das war zu viel! "Herr. Greene", sagte ich, „ich hatte die Absicht, Ihnen zu Diensten zu sein, als ich nach Mailand ging, und Sie sind herzlich willkommen, meine Absichten zu unterstützen. Die Kosten dieser Reise, wie hoch sie auch sein mögen, sind meine eigene Sache." Und ich blieb mit geschlossenen Armen stehen.

„Wir sind ihm gegenüber nicht verpflichtet", sagte Mrs. Greene; „Und ich werde darauf bestehen, dass er das Geld nimmt."

„Der Diener wird es auf seinen Frisiertisch legen", sagte Sophonisba . Und sie reichte den Stiefeln den Souverän und gab ihm Anweisungen.

„Behalte es selbst, Antonio", sagte ich. Daraufhin warf der Mann es mit dem Daumen an die Decke, fing es auf, als es fiel, und ließ es mit zufriedener Miene in die Nischen seiner Tasche fallen. Auch die Miene der Greenes war sehr zufrieden, denn sie hatten das Gefühl, dass sie mich für alle meine Dienste vollständig bezahlt hatten.

Und nun verließen der Wirt und seine Familie unter vielen unterwürfigen Verbeugungen und der Versicherung tiefen Respekts das Zimmer. „Konnten sie sonst noch etwas für Mrs. Greene tun?" Mrs. Greene war durch und durch freundlich. Sie hatte den Mädchen ihre Juwelen gezeigt und ihnen erlaubt, ihre Bewunderung in hübschen italienischen Superlativen auszudrücken. Sie wollte heute Abend nichts anderes . Sie war sehr glücklich und mochte Bellaggio . Sie würde noch eine Woche bleiben und sich ganz glücklich machen. Und obwohl keiner von ihnen ein Wort verstand, das der andere sagte, verstand doch jeder, dass die Dinge jetzt rosarot waren , und so zogen sich der Wirt und alle seine Myrmidonen mit Schürfwunden, Verbeugungen und grinsendem Lächeln zurück. Mr. Greene zählte immer noch sein Geld, Souverän für Souverän, und ich stand immer noch mit verschränkten Armen an meiner Brust da.

„Ich glaube, ich darf jetzt gehen", sagte ich.

„Gute Nacht", sagte Frau Greene.

„Adieu", sagte Sophonisba .

„Es ist mir eine Freude, Ihnen Lebewohl zu wünschen", sagte Mr. Greene.

Und dann verließ ich den Raum. Was hatte es schließlich für einen Sinn, etwas zu sagen? Und was könnte ich sagen, das mir einen Gefallen getan hätte? Wenn sie in der Lage wären, mich für einen Dieb zu halten – was sie sicherlich taten –, würde nichts, was ich sagen könnte, diesen Eindruck beseitigen. Auch war es, wie ich dachte, nicht angebracht, mich gegen eine solche Unterstellung zu verteidigen. Was waren die Greenes für mich? Also verließ ich langsam den Raum und sah von diesem Tag bis heute nie wieder jemanden aus der Familie.

Als ich am nächsten Morgen am Strand stand und mein Portmanteau ins Boot gereicht wurde, gab ich den Boots fünf Zwanziger . Ich war entschlossen, ihm zu zeigen, dass ich mich nicht dazu herabließ, wütend auf ihn zu sein.

Er nahm das Geld, sah mir ins Gesicht und flüsterte mir dann zu: „Warum hast du mir nicht vorher Bescheid gesagt?" sagte er und zwinkerte mit den Augen. Er war offensichtlich ein Dieb und hielt mich für einen anderen – aber was spielte das für eine Rolle?

Ich ging von dort nach Mailand, wo ich es nicht übers Herz brachte, mir irgendetwas anzuschauen; von dort nach Verona und weiter über den Brennerpass nach Innsbruck . Als ich mich einmal in der Nähe meiner lieben Freunde, den Walkers, befand , war ich wieder ein glücklicher Mann; und ich kann mit Sicherheit sagen, dass ich, obwohl ein Teil meiner Reise so beschwerlich und unglücklich war, auf diese Reise als die glücklichste und glücklichste Epoche meines Lebens zurückblicke.